# DES PARTIS

## ET

# DES FACTIONS,

## ET DE LA PRÉTENDUE

## ARISTOCRATIE D'AUJOURD'HUI.

## PAR P. L. LACRETELLE (Aîné),

*Membre de l'Institut. ( Académie française )*

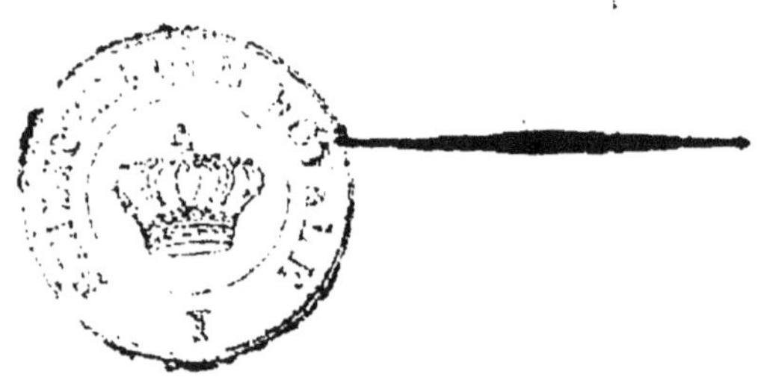

A PARIS,

Chez BARROIS l'Aîné, Libraire, rue de Seine,
N°. 10. F. [S. G.

1818.

DE L'IMPRIMERIE DE DOUBLET,

rue Gî-le-Cœur, N°. 7.

# AVIS.

---

Ces morceaux étaient destinés à ne paraître que dans un ouvrage, où l'auteur a rassemblé toutes les idées dont une étude continuelle de la révolution a été pour lui la source.

L'ouvrage est composé tout entier dans les formes et le genre de style de ces fragmens.

Il va être livré à l'impression sous ce titre : *Pensées et Réflexions sur tout le cours de la révolution, précédées de Pensées et Réflexions sur divers objets de politique générale.* Il formera un des volumes de la collection des ouvrages de l'auteur, tant publiés qu'inédits.

Ces morceaux peuvent aussi se joindre aux *Fragmens politiques et littéraires* (1) de l'auteur, qui ont paru il y a deux ans, et où se trouve une collection de *Pensées et Réflexions morales et littéraires.*

L'auteur ne dira pas pourquoi il détache ces petits écrits : ses motifs se feront assez sentir dans les écrits mêmes.

---

(1) Chez Foulon, libraire-éditeur, rue des Francs-Bourgeois-Saint-Michel, n°. 3 ; chez Delaunay et Raymond, au Palais-Royal.

# DES PARTIS

## ET

## DES FACTIONS.

I. Les partis sont des élémens nécessaires d'un régime libre. Ce sont des systèmes d'opinions sur la chose publique, dans des masses de citoyens.

II. Les factions ne sont que des associations de vues et d'efforts, pour des intérêts isolés. Elles entrent ou se forment dans les partis, pour s'en emparer.

III. Les partis peuvent s'en servir et ne doivent pas en dépendre.

IV. Les cours despotiques vont par les factions, comme les républiques par les partis.

V. Lorsqu'un parti ne tend qu'au bien général, ne veut que la conservation ou l'amélioration des lois et par des voies légales, il est l'organe de la nation en défense ou en protection d'elle-même.

**VI.** Ce parti reste encore légal, lors même qu'il lutte contre le gouvernement ; car le gouvernement, n'étant que par le peuple, doit écouter ses vœux et adopter ses intérêts.

**VII.** Lorsqu'un gouvernement s'arme et sévit contre un tel parti, il prévarique ; et, s'il y a insurrection, elle est sa faute ou son crime, plus que l'erreur ou l'attentat du peuple.

**VIII.** Il n'y a qu'un parti purement national qui puisse avoir de la justice dans son système, de la sagesse dans sa marche, de la constance dans ses revers, de la modération dans la victoire.

**IX.** C'est qu'il est de sa nature d'aller par les plus éclairés, comme de celle des autres partis, par les plus violens.

**X.** Quand il est poussé à bout, il est condamné à l'action populaire, qui le rend trop fort.

**XI.** Un gouvernement qui veut se sauver

des troubles, n'a rien de pis à faire que d'accorder peu, lors même qu'on demande trop.

XII. Donnez ce qu'il faut, on renoncera au trop.

XIII. Poser la digue trop haut, c'est accroître l'impétuosité du torrent.

XIV. Il y a quelque chose de bien pis encore dans les luttes avec l'opinion : c'est d'attendre pour donner, qu'on puisse vous arracher ; c'est d'avoir montré la mauvaise volonté, lorsqu'on avait la reconnaissance à recueillir.

XV. Chaque parti, dans une constitution, conserve le droit d'en faire pencher l'action dans son sens.

XVI. La liberté réglée de ces débats fait la vie politique.

XVII. Leur effet est d'améliorer la constitution, en paraissant l'ébranler.

XVIII. Dans les troubles, tout va par les partis, hors une grande masse, qui reste absorbée dans les intérêts privés, et dont les partis se disputent la servile obéissance.

**XIX.** Les partis s'améliorent, quand ils peuvent se partager les *neutres* : les angles se repoussent, les masses s'attirent.

**XX.** Ce sont la médiocrité d'âme et d'esprit, la lâcheté, une sotte prudence, l'égoïsme, qui font les neutres entre les partis.

**XXI.** Les neutres, n'ayant pas voulu faire un choix en hommes libres, finissent par se donner en esclaves au plus fort.

**XXII.** Les neutres forment deux espèces : l'une qui se retire de tout pour ne s'exposer à rien, je les appelle les *pleutres* ; l'autre veut vendre sa docile nullité ; je les appelle les *trigauds.*

**XXIII.** Les *trigauds* se piquent de dominer les partis, quand le pouvoir les prend à gages.

**XXIV.** Ils ont une certaine activité, quand il ne s'agit que de flatter et de *valeter.*

**XXV.** Ils ne manquent pas d'insolence, tant qu'ils se croyent suffisamment protégés.

**XXVI.** Les *pleutres* aiment tant le repos, qu'ils acceptent toutes les tyrannies.

XXVII. Ne rien faire, ne rien dire, saluer le puissant, tourner le dos au faible, c'est pour eux, la sagesse, l'honnêteté, l'art de vivre en société; et ils prennent en pitié ceux qui se piquent de mieux.

XXVIII. Partout où abonde cette double espèce d'hommes, il ne peut y avoir un esprit public.

XXIX. Sous l'empire des lois, elle corrompt le gouvernement en se tournant sans cesse du côté des infractions.

XXX. Dans le choc des partis, elle entretient la lutte, en ôtant la force partout, sans porter la modération nulle part.

XXXI. Ces modérés-là veulent modérer, même la modération.

XXXII. Cette double espèce d'hommes fait bien de s'attribuer les qualités privées; car son système est l'essence de l'immoralité politique.

XXXIII. Ce n'est qu'au terme de leur dégénération, que les républiques anciennes ont connu cette double espèce d'hommes; et c'est par elle qu'elles ont péri.

XXXIV. Le masque dont elle se couvre est de repousser tout excès : mais pour elle l'excès est partout où la vérité réclame le droit de se produire ; où la vertu veut exclure le vice ; où le bien public fait la guerre aux abus.

XXXV. Elle est plus analogue aux constitutions modernes, qui n'exigent pas la coopération continuelle de citoyen à la chose publique.

XXXVI. Elle y fait peut-être plus de maux, en ce qu'elle s'y propage et s'y entretient plus aisément.

XXXVII. Ce n'est que de l'année où j'écris (fin de 1818), qu'on a commencé à démêler en France, que cette double espèce d'hommes fut l'ingrédient corrupteur de toute la révolution.

XXXVIII. On commence à l'attaquer par le mépris et le ridicule. La chanson du *ventru* est un service public, qui amènera peut-être une de ces comédies, qui font révolution dans les mœurs, telles que furent *Tartuffe* et *Turcaret*.

XXXIX. Le principe fondamental de l'esprit public est dans la loi de Solon : *Nul ne se tien-*

*dra à part dans les dissensions publiques, sous peine d'infamie.*

XL. J'aimerais et j'admirerais un *tiers parti* assez fort de vertu, de sagesse, de courage, pour soumettre les autres à la meilleure direction vers le bien public ; mais c'est ce qu'on n'a pas encore vu.

XLI. Le parti de Caton, entrant dans celui de Pompée, forçait à un accommodement César et Pompée, si ceux-ci n'avaient eu à se disputer les provinces romaines, qui étaient des corps *neutres*, non par volonté, mais par impuissance.

XLII. Dans les chocs politiques, il ne faut que deux partis : alors on se mesure, on se compte ; le faible sent qu'il faut céder ; et le fort, n'ayant plus à craindre la générosité de la victoire, achète la paix par de justes concessions.

XLIII. Si on se bat, la victoire devient une décision.

XLIV. Avec trois partis, on dévore le champ de bataille, sans lui donner un maître ; et c'est ce qu'il y a de pis pour les armées.

XLV. Si l'un des trois se fond dans les autres, il porte dans chacun quelque chose de son propre renoncement à soi-même; ce qui ouvre une conciliation.

XLVI. Il est naturel qu'il se porte en majorité vers le meilleur, qu'il n'est point incapable de discerner, et auquel ses propres intérêts le rattachent.

XLVII. Dans les temps de troubles, un Roi, ralliant à lui une nation, se trouve avoir seul un parti; il réduit ses antagonistes à ne lui opposer que des factions. Tel fut notre Henri IV, après la réduction de Paris.

XLVIII. Mais un Roi, sans la nation, est moins que les chefs de partis, en cas pareil. Tel avait été Henri III, réduit à entrer dans la ligue, pour, après, aller servir d'une autre manière dans le camp du Roi de Navarre.

XLIX. Ce n'est pas qu'il n'ait eu recours, comme une convention, à un *coup d'état*: mais un assassinat; cela se rend, ainsi que la suite l'a fait voir.

L. Je suppose quelque part trois partis, ainsi

combinés : l'un s'appuie sur des concessions faites au peuple ; l'autre veut ressusciter la prééminence de corps privilégiés ; le troisième entend que les concessions nouvelles et les vieux priviléges tombent également à l'arbitrage de la couronne.

LI. Dans une telle circonstance, un Roi est entre la destinée de Henri III, et l'exemple de Henri IV.

LII. Henri IV alla à la messe et donna l'édit de Nantes ; deux fautes pour un autre temps ; mais que le sien exigeait (1).

LIII. *Paris vaut bien une messe*, disait ce Prince, qui entendait son affaire.

LIV. Faire une certaine adoption aujourd'hui, serait moins qu'aller à la messe autrefois : cette adoption n'exige pas une capitulation de conscience.

––––––––––––––

(1) Pas faute assurément ; en ce qu'il garantissait leur culte aux protestans ; mais en ce qu'il les laissait un *parti armé pour sa propre protection* ; ce que leur sûreté exigeait alors, en présence des restes encore vivans de la ligue.

**LV.** Quand il y a un parti purement national, il est celui du Roi.

**LVI.** Un Roi qui ne se donnerait pas à ce parti, ressemblerait à un voltigeur, qui écarterait la corde, pour ne garder que le balancier.

## *Modération. — Impartialité.* (1)

**I.** En politique, le juste milieu ne peut être que dans le principe qui doit régir la chose à faire : car en deçà, rien n'est bien ; au delà, tout est mal. En politique, rien de modéré comme un principe.

**II.** Dans la morale, tout principe engendre un devoir. On peut faire mieux que le devoir ; on ne peut faire moins. Le devoir est la borne où peut s'arrêter la vertu. La modération dans la vertu, n'est que sagesse envers soi-même.

**III.** L'arbitraire reste seulement dans les choses de goût. Là des règles inviolables, des

––––––

(1) Ces pensées avaient déjà paru dans le Mercure de 1818 ; comme elles font corps avec les notions ci-dessus, on a cru devoir les reproduire ici.

( 15 )

règles précieuses, d'une part; et de l'autre, des
règles à discuter et même à franchir.

**IV.** Là, la sincérité de son impression et le
respect de celle d'autrui sont la modération.

**V.** La vraie modération est une force dans
l'âme et une dignité du caractère.

**VI.** La fausse modération n'est qu'une com-
position, ou avec la vérité, ou avec le devoir,
ou avec la conscience.

**VII.** Elle est tour-à-tour ou tout ensemble,
faiblesse, lâcheté, calcul déguisé.

**VIII-** L'impartialité est dans l'esprit ce qu'est
la modération dans l'âme.

**IX.** L'impartialité n'est pas la nullité d'af-
fection, il faut aimer le bien et haïr le mal;
mais l'affranchissemement de toute préoccupa-
tion ou prévention; ce qui est la garantie du
discernement entre le bien et le mal.

**X.** La haute impartialité ne veut se rendre
qu'à la justice sentie ou à la vérité démontrée.

**I.** La petite impartialité, toujours flottante,
toujours soigneuse de ne pas se commettre, ne

sait adopter que ces honteuses capitulations ;
qui étouffent la raison et l'honnêteté publique,
par la crainte de trop fâcher la sottise et la per-
version.

XII. Le faux modéré ou le petit impartial
se tourne à droite : — 6 et 6, combien ? — 12.
— Ah ! trop de rigueur.

XIII. Il se tourne à gauche : — 6 et 6, combien ? — 14. — Ah ! exagération.

XIV. Alors il se fait conciliateur, et dit : un
petit sacrifice de part et d'autre ; convenez que
6 et 6 ne feront ni 12, ni 14, mais 13, et vivez
en paix.

XV. Voilà le sublime de sa coopération, et
dans les affaires publiques et dans les affaires
privées.

# DE LA PRÉTENDUE
# ARISTOCRATIE
## D'AUJOURD'HUI.

### (JANVIER 1819).

*(Ce qu'est réellement cette aristocratie).*

1. IL est des temps et des positions dans les peuples, où certaines classes, prévalant par la sagesse et l'habileté, obtiennent ou se donnent sans résistance toute l'administration publique. Telle fut la source du patriciat dans les républiques anciennes et modernes.

II. Il est des temps et des positions dans les peuples, où le Gouvernement n'est que la servitude d'une population vaincue sous des conquérans, encore barbares. De là sortit la noblesse féodale.

III. Lorsqu'est arrivé le développement graduel des masses deshéritées de leurs droits;

alors ces deux genres d'aristocratie n'offrent plus qu'une prérogative sans pouvoir, qu'un abus sans sa cause.

IV. Dans tous les états de société, il se rencontre des citoyens qui marquent parmi les autres par des avantages légitimes, par une force de sitnation qui ne les rend plus *pairs* qu'entre eux : ces avantages sont les grands services, les merites éminens et reconnus, les fortunes plus qu'ordinaires et assurées : voilà l'aristocratie éternelle, l'aristocratie sociale.

V. Il est d'une savante organisation politique de pourvoir à ce que ces hommes pouvant plus et pour le bien et pour le mal, soient fortement rattachés à l'un, comprimés pour l'autre : c'est sur cette vue que se fonde l'institution de ce qu'on appelle une *chambre haute*, dans une législature nationale.

VI. L'aristocratié d'une civilisation achevée doit devenir une *optimatie*.

VII. L'aristocratie sociale a changé de place, quand les richesses, les lumières, un généreux dévouement à la patrie sont devenus un héritage mieux cultivé dans les classes plébeéinnes.

VIII. Voulez-vous une aristocratie propre au temps actuel? Prenez-la tout ensemble dans les noms d'histoire et non dans ceux de la *nuit des temps;* dans les richesses par la probité, et revêtues de considération ; surtout dans les notables services et les gloires de tout genre. Faites-en une magistrature et non un patriciat.

IX. Une telle magistrature est un appui intéressé de l'égalité civique, et un élément essentiel du régime représentatif.

X. Il faut l'avoir vu pour le croire, que des hommes portant des noms honorables fissent de leur mieux pour ne pas devenir une pairie nationale et remonter à la pairie *à tabouret.*

XI. L'égalité civique relève un lustre ancien, quand il est soutenu par un mérite présent.

XII. Le privilège offense et irrite ; un choix libre est seul un hommage.

XIII. Je trouve nos prétendus aristocrates bien injustes, bien inconséquens dans toutes leurs accusations : qu'ils s'en prennent à leurs pères de tous nos attentats.

XIV. Ils voyent avec indignation les *com-*

*munes* devenues des corps politiques et les *seigneurs* devenus des citoyens. Pourquoi leurs pères avaient-ils vendu aux *vilains* l'affranchissement de la *glebe ?* Notre *élection* populaire vient de là.

xv. Les bourgeois sont parvenus à concourir avec les nobles, même dans le service militaire. Pourquoi leurs ayeux avaient-ils consenti à ces grandes, armées qu'on ne pouvait tirer que de toute la population ? Cela amenait, avec le tems, ce *recrutement* commun qui leur est si odieux.

xvi. Nous entendons garder à jamais notre part dans la législation et un contrôle sur toute l'administration publique. Nous faisons moins que leurs pères, souverains dans leurs domaines, *après la foi et hommage.*

xvii. Nous raisonnons de tout et sur tout. Pourquoi leurs pères ne s'étaient-ils pas conjurés efficacement contre l'invention de l'imprimerie ? Ils n'en seraient pas réduits à recourir eux-mêmes à cet art, pour nous attaquer et nous répondre.

xviii. Nous voulons que la loi protége et honore tous les cultes, en leur ôtant toute domination entre eux, et toute juridiction dans l'ordre civil. Pourquoi leurs pères avaient-ils voulu pour eux-mêmes la liberté de conscience, et avaient-ils repoussé l'inquisition ?

XIX. A bien voir les choses, nos crimes d'aujourd'hui sont ceux des vieux temps, où les nobles étaient tout ; et c'est leurs auteurs que les descendans ont à absoudre dans leurs antagonistes.

XX. Une aristocratie qui ne se fonde plus que sur des superstitions usées et une importance disparue, n'a plus que le ridicule des vieux *oripeaux*, au milieu de l'élégance simple des habits modernes.

XXI. Quand une aristocratie *gentillâtre* en est réduite à recruter dans *l'épaisse opulence*, pour avoir du corps, ce n'est pas même *l'oligarchie*, qui est une domination des riches sur les pauvres, partout où la fortune est aussi extrême dans quelques uns que la misère dans les masses ; ce n'est qu'une ligue de mécontens et de parvenus, pour accaparer l'administration publique, et s'enfler d'une possession exclusive.

XXII. Les bourgeois qui veulent compter parmi ce qu'on appelle les *ultra* royalistes, sont d'une humilité parfaite : pour tenir aux armoiries, ils prennent la livrée.

XXIII. Comme ils sont les plus vils, il est naturel qu'ils soient les plus méchans.

XXIV. Quand cette aristocratie prétendue s'asservit par la cour, le Gouvernement, mesurant toujours sa force à sa fougue, elle entreprend tout simplement de rapporter le seizième siècle dans le dix-neuvième, et de tirer une contre-révolution d'une révolution.

XXV. C'est une égale méprise dans le Gouvernement de la flatter et de la craindre ; de la croire ou de vouloir en faire quelque chose.

XXVI. Elle ressemble à ces crédits de banques, que les Gouvernemens interposent entre eux et le public, et qui ne jouent réellement que des gages qu'on met dans leurs mains.

XXVII. Otez-lui toute action sur le Gouvernement, le parti reste encore une faction, qui *jacobinise* pour le Roi dans la théorie, contre le Roi, dans la pratique.

XXVIII. Il ne faut pas tout confondre dans les doctrines nobiliaires : ces Messieurs ne se prétendent plus les *pairs* du Roi ; mais les *serviteurs* du Roi ; d'où il résulte, dans leur sens, que toute autorité réside dans le Roi seul ; mais qu'elle ne peut être exercée que par les nobles.

XXIX. Quand cette faction ne domine plus, elle cabale ; quand ses cabales sont déjouées, elle se réduit aux intrigues, ne renonçant jamais à la domination.

XXX. Pendant la révolution, un tel parti avait les droits d'une opposition ; il en a pleinement joui à l'assemblée constituante.

XXXI. Depuis les bases d'une constitution nouvelle , acceptée et jurée au Champ de Mai de la Fédération de 1790, il n'a plus été qu'une conjuration anti-nationale.

XXXII. Ce parti ne voudrait plus laisser à la nation que son honneur à lui ; et son honneur n'est plus que de tout vouloir, tout attendre, tout obtenir par les armes étrangères, et à tout prix.

XXXIII. Tout est bon à ces Messieurs ;

pourvu qu'il y ait une cour, où l'on puisse se prosterner en haut pour humilier en bas : *les antichambres de Bonaparte paraissaient les avoir apprivoisés avec la révolution.*

XXXIV. Rien n'a plus ressemblé aux hommes de 93 que les hommes de 1815 ; l'avantage reste pourtant aux premiers dans l'audace des entreprises et le bien joué des tactiques, où les premiers furent encore inventeurs et modèles.

XXXV. Comme les hommes de 93, ils ne reconnaissent le peuple que dans les basses classes : ce sont elles qu'ils sacrifient *prévotalement*, pour les faire croire en révolte, comme à Lyon ; ou par qui ils égorgent *révolutionnairement*, pour la sûreté de l'autel et du trône, comme à Nismes.

XXXVI. Tout est superstition et fanatisme dans ces hommes ; superstition par l'incurable obsession de leurs vieilles idées, fanatisme par l'intolérance des idées dogmatiques ; aussi aiment-ils mieux périr que de fléchir ; et dans leurs chûtes, ils provoquent sans cesse à la persécution : dernier piége qu'ils tendent à leurs vainqueurs.

## *Les forces qu'elle conserve.*

I. Cette faction a des forces qu'il ne faut jamais dédaigner, même après les triomphes sur elle.

II. Elle a une grande part dans la propriété générale ; ce qui groupe autour d'elle une clientelle d'un dévouement forcé.

III. Elle fait jouer à son profit le culte principal, depuis que le clergé romain a traité avec les puissances de la terre de l'asservissement des peuples.

IV. Elle pésera sur les gouvernemens, tant qu'elle restera saisie de la vie privée des princes par le servage domestique, dont le profit est trop grand, pour qu'elle en répudie la dégradation.

V. Elle s'appuyera des terreurs ou des menaces, réelles ou simulées, des cours étrangères, tant que le Gouvernement ne sentira pas sa force au déhors avec la nation ; et sans elle, son unique danger au dedans et au déhors.

**VI.** Elle sera toujours près d'une prépondérance orageuse, tant qu'elle n'aura à surmonter dans le cours représentatif, que ce que j'appelle la *queue de Bonaparte* ; c'est-à-dire, ces hommes pouris dans les habitudes serviles et les trafics de la corruption, qui se faisant un patrimoine des droits du peuple, usurpent ses mandats par les prévarications des Ministres, et reviennent accabler le peuple, comme fonctionnaires, des trahisons qu'ils lui ont faites, comme ses députés.

**VII.** Elle aura à son service tous ces esprits faux et bizarres, sur qui les vérités font l'effet des alimens sains dans des corps malades ;

**VIII.** Ces esprits chagrins, mécontens des autres et d'eux-mêmes, qui, dans leur lutte avec la raison commune, adoptent les préjugés comme des armes de la vieille trempe ;

**IX.** Ces esprits à qui il ne faut que de plus chauds partisans et qui rejettent toute bonne foi dans leurs doctrines ;

**X.** Tous ces hommes qui se font à chaque jour un principe pour leur spéculation de chaque jour.

**xi.** Ceux qui trouveront là un appui pour leurs haines, leurs jalousies, leurs ambitions, leurs intrigues;

**xii.** Une portion de ces écrivains déhontés, qui portent leur talent mercenaire à droite ou à gauche, selon les temps; que l'on quitte et reprend comme des valets de place; et qui ne s'apprécient eux-mêmes que ce qu'ils valent.

**xiii.** Enfin elle pourra s'honorer d'un grand nombre de personnes, pleines d'ailleurs de vertus et de qualités précieuses, en qui certaines dispositions de l'ame, certaines habitudes de l'esprit, un certain tour d'imagination ont fait une conscience pour de certaines opinions.

**xiv.** Elle sera puissante de cette concentration de vues et de moyens, qui résulte du Gouvernement intérieur d'un petit corps, qui joue sur lui seul, et de l'esprit de secte, où rien ne se discute, où tout s'affirme.

**xv.** Tout cela croîtra ou décroîtra, autour ou dans la faction, non d'après sa persévérance, qui ne serait incessamment qu'une lassitude; mais selon qu'elle pourra ou non troubler la chose publique; car, je le répéte, elle ne peut plus être un danger que par l'ineptie ou la connivence du Gouvernement.

## *Ce qui est contre elle.*

Voyez aussi tout ce qui est contre elle :

1°. Ce phénomène unique, dont on n'a pas encore dit toute la conséquence : dans le sein du plus effroyable bouleversement, à l'ouverture d'une croisade européenne contre une seule nation, tout-à-coup les nobles de son armée qui, seuls en étaient les officiers, désertent leurs drapeaux et passent à l'ennemi ; tout-à-coup un nouveau corps d'officiers sort de la masse des soldats devenus citoyens ; et cette armée plébéienne, dans un quart de siècle, amasse plus de gloire militaire que n'avait pu en obtenir l'armée des nobles, pendant des siècles accumulés : ce grand fait a détroné à jamais le patriciat dans l'histoire même.

II. 2°. La conscription militaire, sauve-garde de la liberté sous une constitution ; instrument de l'oppression des pères par les enfans, sous un despote : en répartissant dans toutes les classes la charge et l'honneur de la défense du

pays, elle en détruit par tout la funeste prépondérance.

III. 3°. La division des fortunes par l'égalité
dans les successions : en favorisant les nobles
comme individus, elle mine sans cesse la suprématie des vastes possessions.

IV. 4°. La direction doublement utile de la
richesse vers l'industrie des capitaux, pour
s'accroître ; et de l'accroissement des capitaux
vers la propriété foncière, pour s'assurer : ce
qui tend de toutes parts à l'égalité de protection par la loi, au rapprochement des classes
par le mélange des intérêts, à l'étude et à la
connaissance d'une prospérité commune.

V. 5°. La honte de n'avoir pu prévaloir
dans leur pays, à quelques intervalles désastreux,
qu'à l'ombre d'odieuses invasions par les puissances du dehors, qui les ont méprisés et foulés
eux-mêmes ; le regret ou le remords de tous les
maux et les crimes de la révolution, nés de leur
coupable résistance à ses bons principes ; l'expérience d'un meilleur sort pour eux-mêmes,
par l'ordre nouveau que par les abus anciens :
ces vérités, au défaut des pères, saisiront les

enfans et feront répudier à ceux-ci cet héritage de la *sottise fanatisée par l'orgueil*, qu'on veut vainement leur transmettre.

VI. 6°. L'irrésistible propagation des idées et des affections libérales : bienfait des lumières, complément de la civilisation ; source inépuisable de toute amélioration et privée et publique ; gloire de chaque peuple ; lien entre tous ; qui règnent sur les hommes par tout ce que leur cœur recèle de bon et d'aimable ; et dont ils ne peuvent repousser le charme vainqueur, dès qu'une fois ils l'ont connu. Comme un atmosphère d'une douce et favorable influence, elles environnent tous les âges, les sexes, les rangs, les fortunes diverses ; les prennent par tout ce qui leur est propre ; épurent toutes les idées, tous les sentimens de leurs nobles flammes ; savent encore se glisser et pénétrer jusques dans les aversions et les doctrines qui les blasphèment, et leur arracher incessamment des concessions et des hommages.

VII. Quand rien n'était disputé à ces castes, elles pouvaient avoir des qualités qui les distinguaient : le besoin de soutenir leur dignité ;

la générosité des positions supérieures ; les at-
tachemens du patronage ; un patriotisme qui
avait de plus grands devoirs par de plus grandes
récompenses ; un honneur plus impérieux
en ce qu'elles se le croiaient propre.

VIII. Depuis qu'elles sont déchues de tout,
hors des plus folles prétentions, elles ne peuvent plus avoir que les dépits, les haines, les
fureurs, les vengeances de l'ambition déçue,
de l'orgueil foulé, de cette envie plus enve-
nimée de ceux qui se croient grands envers
ceux qu'ils croient petits; tous les vices des
passions sans jouissance, d'un désaccord entre
les volontés et les moyens.

IX. Cette élégance dans la politesse des
hommes, ces manières à part qui relevaient
les grâces dans les femmes; cette affabilité,
qui, en effaçant une supériorité, la faisait reconnaître; ce je ne sais quoi de la cour,
d'un plus grand effet, en cela même qu'il cho-
quait ailleurs; ces petites choses des *gens de
qualité*, qui avaient leur séduction et même
leur prix dans le ton général ; tout cela tenant
à des traditions interrompues et à un ensemble

d'institutions qui ne peuvent plus revenir, forme la moindre de leurs pertes, mais non la moins réelle.

x. Il pourra sortir des mœurs nouvelles, qui ont aussi leurs droits à la noblesse et à l'élégance dans les formes de la vie sociale, quelque chose qui vaille mieux : mais ce ne sera plus ce que nous avons vu finir.

## Moyens de l'user et de la dissoudre.

I. Qui peut dissoudre ou ce parti, ou cette ligue, ou cette faction ; car je ne sais plus quelle dénomination doit lui rester? Le temps seul ; mais le temps aidé d'une vigilance sage et ferme.

II. Que le gouvernement puisse tout sur la faction ; et que la faction ne puisse rien sur le gouvernement.

III. Si on consent encore à une domesticité féodale autour d'un monarque constitutionnel, que la cour n'ait à tracasser que dans ses étiquettes, et qu'elle ne puisse avoir d'autre point de mire que la *liste civile*.

**iv.** Les conseils du prince, les ministères, les tribunaux, les administrations forment une sphère à part, où le monarque est le chef suprême de l'Etat et non le patron de sa maison privée.

**v.** Les enfans sont appelés à la discussion des affaires de famille et non les gens.

**vi.** On désarme les furieux, on écarte les écervelés. Considérez vos hommes *oligarchiques* d'aujourd'hui, comme de vieux et souvent comme de méchans enfans. Il y a péril à leur confier les fonctions publiques.

**vii.** Pour eux, enlever les places est le commencement, en chasser les autres est la fin. Dans les maximes du parti, les bonnes intentions couvrent les mauvais moyens. Prenez-y garde. Epreuve veut surveillance; et confiance n'est pas duperie.

**viii.** Il est des places où ils feraient le mal, même en voulant le bien : tels sont les pouvoirs isolés.

**ix.** Dans des corps municipaux, départementaux, même législatifs, ils peuvent être une utile minorité.

x. Lorsqu'ils ne complotent pas au dedans, qu'ils ne machinent pas au dehors, respectez en eux les droits d'une minorité et d'une opposition.

xi. C'est dans l'exercice des droits communs qu'ils pourront apprendre tout ce que le régime représentatif accorde d'avantages de tout genre aux facultés propres de chacun; école dont ils s'étaient privés eux seuls dans la première révolution, par leur isolement combiné et leur désertion hostile.

xii. Le jacobin ne renferme plus le système représentatif dans le seul élément de la démocratie. Le républicain adopte une royauté héréditaire dans le système de la liberté par la loi. Le démagogue, en s'adressant encore aux passions populaires, craindrait l'animadversion du peuple même. L'âpre bourgeois ne croit plus que rendre au noble outrage pour outrage soit le sublime du patriotisme. Le bonapartiste a reconnu qu'il se devait tout entier à son pays, et non pas à un nom effroyablement célèbre; qu'un nom, qui rappelle une insolente tyrannie, jurerait avec les libérales directions de la sage liberté et de la vraie gloire. Le philosophe ne cherche plus ses théories que dans la méditation des faits et soumet ses spéculations à l'expérience : seul l'aristocrate nobiliaire reste ce qu'il était : *il n'a rien appris, rien oublié* (*).

XIII. Singulier rapport ! les basses classes et les hautes n'ont connu dans la révolution que le même moyen de se donner l'empire, la terreur.

XIV. Si une populace est une masse d'hommes en dehors de la civilisation, je suis conduit à reconnaître, qu'il y a une populace en haut comme en bas, sauf toutefois les différences caractéristiques, partout où règnent l'ignorance, l'envie, la fainéantise, la brutalité.

XV. Sous cet aspect, il faudrait dire *nobilace* (**), comme on dit *populace*.

---

(*) Ce mot est disputé entre M. de Jouï et M. Carrion de Nisas : il est possible qu'il ait été rencontré isolément par l'un et l'autre.

(**) J'adopte ce mot, qui a son analogue ; je le lis dans un ouvrage récent, qui est un bon ouvrage : *La Monarchie de Louis XIV*, par M. Lemontey.

**XVI.** L'ignorance dans les basses classes n'est qu'une absence des notions qui font l'harmonie de l'ordre social. Celle des hautes classes est un repoussement systématique des principes qui perfectionnent l'ordre social. D'un côté, une disposition au mal; de l'autre, une haine du bien.

**XVII.** L'envie dans le bas peuple est l'irritation chagrine du pauvre à la vue des jouissances du riche; ne pouvant se les donner, il voudrait les ôter. Elle se corrige par les lois nouvelles, qui, en améliorant le sort des misérables, adoucissent leur caractère.

**XVIII.** L'envie des hommes, qui se croyent nés supérieurs, ne commence qu'à l'époque, où des hommes d'en bas viennent les égaler et les primer dans les moyens de la supériorité légitime. Ils n'échapperont à cette lâche passion que par l'émulation de l'égalité.

**XIX.** La fainéantise d'en bas n'est que la répugnance naturelle au travail, quand elle n'est pas vaincue par la récompense du travail, qui crée le besoin de l'activité. La révolution l'a beaucoup détruite par le haussement des salaires et les petites propriétés.

**xx.** La fainéantise d'en haut est le préjugé d'une dérogeance dans des travaux communs à toutes les classes. La ruine des nobles, par leur émigration, les a rendu cupides de tous les salaires et de tous les profits : ce retour au bon sens dans eux-mêmes est un bien aussi pour le public.

**xxi.** La brutalité populacière est l'inhabitude à réprimer les mouvemens d'une nature grossière. Le bienfait d'une éducation populaire en est le remède.

**xxii.** La brutalité noble est une garde ou une revendication farouche et furieuse de la suprématie qu'elle s'attribue. Elle fait, à cette heure, sa dernière explosion.

**xxiii.** Si vous voulez atténuer ces vices, plongez ceux qui s'en font non un reproche, mais une distinction ; plongez-les, sans qu'ils s'en aperçoivent, dans l'esprit civique, dans l'esprit libéral, dans l'esprit du siècle. Que les chaires de la religion, les corps politiques, les académies, les théâtres, les grandes écoles, toutes les cérémonies, respirent cet esprit : là, sous l'heureux empire des belles émotions, ils seront attirés à un bonheur commun, dont ils n'auront pas toujours la force de s'exclure eux seuls.

XXIV. Tant qu'ils restent hostiles, que leurs actes, leurs paroles, leurs mauvaises intentions retournent sans cesse contre eux-mêmes.

XXV. L'ancien régime avait livré ses *marquis* à la risée du parterre. Pourquoi un plus riche fonds d'une comédie nouvelle n'est-il pas exploité ?

XXVI. Je voudrais épargner la vieillesse, destinée à mourir avec les défauts de l'âme, comme avec les infirmités du corps.

XXVII. Mais point de grâce pour ces petits fats de contre-révolution, qui, trouvant toute ouverte une plus vaste carrière, vont rechercher dans les souvenirs d'une aristocratie expirée, une impertinence, où le ridicule efface l'outrage, et qui se reprennent aux vieilleries, comme à des modes nouvelles.

XXVIII. De l'indulgence, dès que la rigueur n'est plus nécessaire.

XXIX. Ne pardonnerez-vous pas les égare-

mens de la contre - révolution, lorsque vous
avez à expier ceux de la révolution ?

XXX. Songez qu'il y a une excuse à toutes
les erreurs, par la bonne foi.

XXXI. Le préjugé est une maladie invé-
térée, qui demande une cure et non une am-
putation.

XXXII. L'habitude ne peut changer que par
une douce inflexion dans un autre sens.

XXXIII. Lorsque la raison accède, l'orgueil
résiste encore ; n'effarouchez pas l'orgueil, en
parlant à la raison.

XXXIV. Vouloir en un jour ce qui exige des
années, est folie et tyrannie.

XXXV. Si vous voulez absolument des hommes à mépriser et à haïr, prenez du moins les
plus vils et les plus coupables : ceux qui avaient
vendu leur patrie à Bonaparte ; qui lui ont
vendu, après, les nations ; qui l'ont vendu à
son tour ; et qui, se trainant dans les fonctions
publiques, de bassesse en bassesse, de trahison
en trahison, pouvant aujourd'hui rentrer avec

sécurité dans les principes de la liberté, leur première enseigne, ne savent plus avoir de confiance et de goût qu'à leur constant déshonneur.

## *Hommage à quelques belles âmes de ces castes dans tous les temps.*

I. Après cette vive censure, je dois ici un hommage.

II. Il n'est pas donné à une masse d'hommes élevés au-dessus des autres, de ne savoir jamais qu'opprimer, d'ignorer toujours un magnanime emploi de leurs propres avantages.

III. Les grandes âmes, dans cette situation, font plus, parce qu'elles peuvent plus.

IV. Il est de la nature humaine et du cours social, de tendre au bien par le mal même.

V. Sans cela, le mal serait éternel et le bien impossible.

VI. Les peuples, dans leur abjection, ne trouvaient pas encore en eux-mêmes une voix pour leur affranchissement, que déjà ils avaient des patrons dans le corps de leurs oppresseurs.

VII. La vieille aristocratie avait fourni les premiers amis des peuples, les premiers propagateurs des principes qui remettent toutes choses à leur vraie place.

VIII. Je ne parle pas ici des ambitieux, qui se firent démagogues, pour devenir tyrans; mais de courageux protecteurs, qui ne furent souvent que d'illustres martyrs.

IX. Si le mot de *noblesse*, dans sa pure acception, emporte les idées de la générosité, qui se plaît à donner plus qu'on n'a droit d'obtenir; du patriotisme, pour qui le bien public est la loi suprême; de la fidélité, qui n'adopte les hommes que selon les lois; de l'honneur, qui s'impose plus inviolablement tout ce qui est juste et honnête; de cette élevation d'âme et d'esprit, qui s'accroît sans cesse des lumières publiques, puis-je laisser ce nom de *noblesse* à cette bizarre agglomération de gens de cour, de gens d'église, de gens de robe, de gens de finances, de riches parvenus, d'intrigans titrés, qui s'est crue une aristocratie ; qui a voulu soumettre la royauté à ses préju és, qui n'étaient que ses faux intérêts, et la nation à d'odieux priviléges, qu'elle appelait ses droits ?

x. Non, pour conserver à ce nom une application qui se rapproche de l'idée qu'il exprime, je le réserve à cette mémorable minorité de ce corps dans la première révolution ; qui crut devoir à la nation, au roi, à son siècle, à sés ancêtres eux-mêmes, d'entrer par un loyal dévouement dans une régénération nécessaire; si belle, si bonne à tous, à son origine, si elle n'eût été bouleversée par ceux qui avaient le plus à la seconder ; ne s'y réservant dans le passé comme dans l'avenir que ce qui est toujours mieux accordé, moins il est exigé : la gloire des beaux faits, l'estime des sages conduites, la reconnaissance des importans services.

xi. Ce sont ces hommes - là que je salue comme les derniers *nobles* de notre ancienne monarchie, et les honorables appuis de la nouvelle.

**FIN.**